Círculo Rojo

CUANDO SE APAGA UNA VELA

CUANDO SE APAGA UNA VELA

Berta Wallace

Círculo Rojo
EDITORIAL

Primera edición: febrero 2024

Depósito legal: AL 43-2024

ISBN: 978-84-1061-403-1
Impresión y encuadernación: Editorial Círculo Rojo

© Del texto: Berta Wallace
© Maquetación y diseño: Equipo de Editorial Círculo Rojo
© Fotografía en portada: Ana Agraz
© Diseño original de portada: Aina Eguiluz.

Editorial Círculo Rojo
www.editorialcirculorojo.com
info@editorialcirculorojo.com

Impreso en España - Printed in Spain

"I can never read all the books I want; I can never be all the people I want and live all the lives I want. I can never train myself in all the skills I want. And why do I want? I want to live and feel all the shades, tones and variations of mental and physical experience possible in my life. And I am horribly limited."

Sylvia Plath

What do I do with this? - I asked myself. - What do I do with everything that consumes me and does not let me be and does not let me end.

I need to feel in order to create. There is no other way.

To all the people I have met.
To everybody that has shared their time
with mine.
To all my lovers
and all my friends.
The ones that stayed
and the ones that left.

To you, and to me, and to us;
I cherish the time we met
I breathe through the memories I've kept
and I embrace the time we left apart
as all I wish
for you and for me,
is to find the peace
we tirelessly seek
and truly deserve.

A todos los que he conocido,
a todos los que han compartido
su tiempo
con el mío.
A todos mis amantes
y todos mis amigos.
Los que se han quedado
y los que ya se han ido.

A mí, a ti, a nosotros;
celebro el momento en que nos conocimos,
respiro a través de los recuerdos que he guardado
y abrazo el momento en que nos separamos,
ya que todo lo que deseo
para ti y para mí
es encontrar la paz
que incansablemente buscamos
y realmente nos merecemos.

ACTO 1
EXTRACTOS DE UNA MEMORIA: BLANCO

ACT 1
EXTRACTS FROM A MEMORY: WHITE

Escena 1: SOBRE LA TRANQUILIDAD DEL ALMA

Sobre la tranquilidad del alma,
la paz del día,
la falta de nostalgia;
¿la aparente apatía?

Cómo lograr sentir
sin sentirlo en el cuerpo.
Cómo dejar pasar la emoción
sin que afecte
a la percepción del tiempo.

ABOUT THE SOUL CALMNESS

About the soul calmness
the day's peace.
The lack of nostalgia:
The apathy that apparently lives?

How to feel
without sensing it in the body.
How to let the emotion go
so that it doesn't affect
the time's perception.

Escena 2: BEAUTY IS A BEAST

Beauty is a beast
That hides you away
From all of those
Who want to see
(you).

LA BELLEZA ES UNA BESTIA

La belleza es una bestia
que te esconde lejos
de todos esos
que intentan ver(te).

Escena 3: WITCH

I've been called a witch
in no fire I got killed.
I've been told
frozen words
cried warm tears.

I assure you
I will break
a heart in two pieces.
I'll turn one into a lace
I'll hang it
around my waist.

I will dance my hands
to the legs that shake
like snakes.
Giving poisoned sights
green eyed night
my cat's got eyes like mine.

I would shoot
a man's breath
just to hear
his heart beat.
But he'd become
a heartless stone
as he had always been.

No matter
how much I get told.
Black haired witch I'll be called!

I will enter the fog.
The fire is set
here it comes
the acid storm.

A door in a tree
had been opened to me.
A few days ago
when the moon
lost a piece.

How much hate I've got.
I can't weigh it in pounds.
The giants
would get jealous
of such a great
big
amount.

BRUJA

He sido llamada bruja
no hubo fuego que me quemara
me han dicho palabras heladas
he llorado lágrimas cálidas.
Te aseguro que romperé
Un corazón en dos partes
Convertiré una en un lazo
lo ataré a mi cintura.

Danzaré mis manos hasta las piernas
que se agitan como serpientes.
Dando miradas envenenadas
noches de ojos verdes
mi gata también los tiene.

Dispararía al aliento de un hombre
solo por escuchar el latido de su corazón
pero se convertiría en una piedra descorazonada
como siempre había sido.

No importa cuantas veces me insistan.
Bruja de pelo negro será mi nombre.

Entraré en la niebla.
El fuego está quemando
ya se acerca
la tormenta eléctrica.

Escena 4: EN LA PLAYA
Sobre el viento

El viento me golpeaba la cara,
me giraba el cuerpo
y me despeinaba.
Y yo le gritaba al viento
¡que me hablara!
Pero despacio,
pero lento.
¡Tiempo al tiempo!
Y sin pedazos,
del tirón.

Y sin tapujos
o eufemismos
o susurros
le pedía
que me contara
qué le tenía escondido a mi corazón
en ese cajón
de los recuerdos
que siempre mantenía abierto
cara a la luna,
de noche y tranquila,
para que la nostalgia
perdida durante el día
se abriera
como el jazmín en flor
y me dijera,
sin temor,

qué me había perdido
en algún rincón
entre la razón
y el olvido.

Sin querer,
mas sin resistirme,
me dejé llevar
por los golpes del pasado
que el viento
llevaba en sus brazos
y me mecía
en caricias
de palabras al oído
de mi conciencia adormecida.
Y me explicaba
entre baños y lecturas
los cantos
que pensaba arriba,
en la montaña
de ropa acumulada
en el rincón de mi cama,
donde nunca podría
haber soñado
con lo que me acechaba
en la playa.
Enfrente de tu casa
donde el mar
olía al perfume que usabas
y que aún seguía
detrás de mis pestañas.

Si supiera
el tiempo que ha pasado
desde que el viento
me golpeó la cara,
tal vez
podría retroceder
hasta el alba.

AT THE BEACH
ABOUT THE WIND

The wind was hitting my face
was turning my body
and messing up my hair.
And I shouted to the wind
for it to speak!
But slowly,
Step by step!
No crumbs
putting it all
plainly
no euphemisms
or whispers
I asked him:
to tell me
what he had kept secret to my heart
inside
the memory drawer
that I always kept open
facing the moon
at night and calm
so the nostalgia
lost during the day
would open
like the jasmine flower
and would tell me,
without shame,
what I had lost
in the corner
in between reason
and neglect.

Not wanting it
yet with no resistance
I let myself be guided
by the toughness of the past
the wind was carrying
on its arms
and cradled me
with the caresses
whispering to my ear
from my restless conscience
and told me
in between baths and lectures
the chants he would think of
on top of the mountain of clothes
gathered at the end of my toes,
where I would have never dreamed
what was waiting for me
at the beach.

In front of your place
where the sea
smelled like the perfume
you used to wear
and that was still kept
behind my eyelashes.

If I knew
how much time has passed
since the wind
touched my face
maybe
I would be able
to go back
to the sunset.

Escena 5: I ONCE MET A FALLING LEAF

I once met a falling leaf
she said:
Not too much!
Not too deep!
Let the wind,
let the wind.

Leave me!
Leave me alone!
Let me be,
let me fall.
Let the wind
blow me away,
slow.

But please
don't go far!
After all,
come again
stay close.
I want to know
you can feel the wind
the wind
the wind that's letting me fall;
the wind that's letting me go.

UNA VEZ CONOCÍ A UNA HOJA QUE CAÍA

Una vez conocí a una hoja que caía;
ella dijo:
«¡No demasiado, no apures!
Deja que sea el viento,
deja que sea el viento.

»Déjame, déjame sola,
déjame ser,
déjame caer.
Deja que el viento me sople
lejos, despacio.

»Pero espera, ¡no te vayas!
Después de todo,
vuelve, quédate cerca,
quiero saber que puedes sentir
el viento,
que puedes sentir el viento que me deja caer.
El viento que me deja ir.
El viento que me deja ser».

ACTO 2
REPETICIONES Y ESTAMENTOS: GRIS

ACT 2
REPETITIONS AND STATEMENTS: GREY

Escena 1: DOING AND BEING

What are we doing?
We are playing it around
not seeing what we are.
Pretending to know
what we want.

Is it not what we have?

HACIENDO Y SIENDO

¿Qué estamos haciendo?
Estamos jugando sin saber,
sin ver lo que somos.
Pretendiendo saber
lo que queremos.

¿No es eso lo que tenemos?

Escena 2: MAL DE ALTURA

Parece que lo tenemos todo,
pero buscamos la perfección.
Y ahora escucho en mi interior
una voz que me susurra:
«No se trata de poner listón,
sino de pasar el mal de altura».

Que te tengo frente a mí
y, por mucho que intente, no verlo así.
Lo único que quiero,
en fin,
es que me sueltes,
que me quede por aquí.
Vamos a montarnos un jardín
y mapear la vida.
Construir un porvenir.

MOUNTAIN SICKNESS

Looks like we have everything
but we look for perfection.
And now I hear a voice
from within me that whispers:
"it's not about stopping the climb,
but losing the mountain sickness".

That I have you in front of me
and even if I try
not to see it like that
the only thing I want is
well,
for you to let me be
and I'll stay around here.
Let's make a garden
and map our lives out.
Build a prospect for life.

Escena 3: ESCURRIR Y DILUIR

Me voy
antes de que me dejes.

Me miro las manos
y se me escurren las ganas
y se diluye el amor.

TO DRAIN AND WATER DOWN

I leave
before you leave me.

I look at my hands
and the eagerness drains away.
And the love waters down.

Escena 4: LOSS

I have had 3 losses this year:
I lost my daughter
I lost a lover
I lost control of my mind
sometimes
over what it thinks
and how it acts.

Yet I have survived
oh dear
I have.
How have I?
I have moved for the tenth time in a row
my youth seems more like a
nomad trip
In search for the unknown
of the soul.

PÉRDIDA

He tenido 3 pérdidas este año:
perdí a mi hija,
perdí a un amante,
perdí el control de mi mente
a veces
sobre lo que piensa
y cómo actúa.

Pero he sobrevivido,
ay, querido,
lo he hecho.
¿Pero cómo?
He cambiado de casa
por décima vez consecutiva
y mi juventud
parece más un viaje nómada
en búsqueda de lo desconocido
para el alma.

Escena 5: DEL VERBO *HACER*

Asqueada,
cansada,
agotada,
desanimada,
desalentada,
desencantada.
Con ganas de irme de una vez
y no volver.

No sé ya sobrellevar
tanto pesar,
tanta pesadez
y tanta agonía;
por lo que hice
y lo que dejé de hacer.

FROM THE VERB *TO MAKE*

Disgusted,
tired,
exhausted,
discouraged,
dispirited,
disappointed,
wanting to leave
once and for all
and never come back.

I don't know
how to cope
with so much weight
and heaviness
and agony
on my shoulders
and on my steps.
For what I didn't do
and for what I never felt.

Escena 6: TO MISS

I miss everything that I did
I miss all I did not become
I miss every night I didn't sleep
I already miss what I will be
I already miss what I will do.

I miss without missing
I miss where I hated
I miss all the feelings
I miss every person.

I was happy
as I now feel the pleasure
and I didn't know it,
felt so miserable.

No relief.

ECHAR DE MENOS

Echo de menos todo lo que hice,
echo de menos todo lo que no fui,
echo de menos todas las noches que no dormí,
ya echo de menos todo lo que no seré,
ya echo de menos todo lo que un día haré.

Echo de menos sin hacerlo,
echo de menos lo que odiaba,
echo de menos todo lo que sentía,
echo de menos a cada persona.

Era feliz.
Ahora cuando siento el placer
y no lo sabía
y desdichada me sentía.

Sin descanso y sin alivio
sigo.

Escena 7: YOU WERE ON MY DREAMS

I am suffocating
I can't move.
I thought going to sleep
and waking up to a new day
would help me see clearly,
differently.

But I just feel the same
you were in my dreams
and life repeated itself there.
I can't move.

ESTUVISTE EN MIS SUEÑOS

Me ahogo,
no me puedo mover,
pensé que irme a dormir
y levantarme en un nuevo día
me ayudaría a verlo claro,
diferente.

Pero me siento igual,
estuviste en mis sueños
y la vida se repetía allí.

No me puedo mover.

Escena 8: EL PESO

El apego a los espacios.
La narrativa de las memorias
vinculadas a ellos.
La nostalgia de los objetos,
de lo que ya no será
mas que en recuerdos.

Nadie habla de ese peso,
de las mil muertes en vida.
De todos los que embarcamos,
sin cesar,
en mares desconocidos.

Una tormenta más.

THE WEIGHT

The attachment to the places.
The narratives of the memories
tied to them.
The nostalgia of the objects,
of what will never be
further than memories.

Nobody talks about that weight,
about the thousand deaths in life.
About all of us who embark,
incessantly,
in new seas.

One more storm on my ship.

Escena 9: TWO STRANGERS SHARING A BED

We accompanied one another
in each other's solitude.

We were just two strangers
sitting together in a room.
Sharing a bed
pretending not to care
because we couldn't bare
the loneliness that comes
when the sun sets.

Where does everything go
when it no longer serves.
Where does that go.
Will I ever forget?
When does the pain go away.
When does the regret
leave the body it held.

DOS EXTRAÑOS COMPARTIENDO UNA CAMA

Nos acompañamos el uno al otro
en nuestra soledad.

Éramos dos extraños
sentados juntos en una habitación
compartiendo una cama,
pretendiendo indiferencia
porque no podíamos soportar
la soledad que llega
cuando el sol se pone.

Dónde se va todo
cuando ya no sirve.
Dónde se va.
¿Llegará el olvido?
Cuándo se va el dolor,
cuándo se marcha el lamento
del cuerpo que lo sostuvo.

Escena 10: HUYÓ EL EGO DE MI ALIENTO

En el anhelo de vidas pasadas
que no recuerdo haber vivido,
que huelo en cada esquina,
que se asemeja a mi destino.

No recuerdo y no distingo
las sombras de este camino
que se hace espantoso a ratos,
que nadie más ha visto.

Huyó el ego de mi aliento.
Busco chispas y deshielos,
y hay algo muy adentro
que me habla
cerca del nexo que une
el pasado y lo primero.
Me dice por dónde andar,
me ayuda en lo que siento.
Me hace ver que estoy aquí
para pensar,
y ese será mi regalo.

Descubrir qué hay por saber,
aún aquí;
muy adentro, muy adentro.

THE EGO LEFT FROM MY BREATH

From the longing
of past lives
I can't recall to have lived,
that I smell in every corner
that looks like my fate.

I don't remember
and I don't distinguish
the shadows of this path,
that looks frightening at times,
that nobody else has walked.

The ego left from my breath.
I seek sparks and snowmelts,
and there is something
coming from within
which speaks to me
close to the nexus that links
the past and the first.
It tells me where to walk.
it helps me with what I feel.
It makes me see
I am here to think
and this will be my gift.

To discover
what's left to be known
still here
very deep
from within.

ACT 3
EVERYTHING WHEN IT STARTS IS ALREADY MOVING TO ITS END: VIOLET

ACTO 3
TODO, CUANDO EMPIEZA, YA SE MUEVE HACIA SU FINAL: VIOLETA

Escena 1: UNBEARABLE TO MY LIGHTNESS OF BEING

As days pass by
I have come to realise
I am creating a nostalgia
among memories
I secretly forever wished
for them
to be alive.

Those days revealed
the uttered secrets
of the ephemeral happiness.
Brief encounters
took place
with the most desired feelings
and made them
almost unbearable
to my lightness of being.

I find it hard to describe
what some would
trivially call love,
as it is nameless
the caring and sharing
that ran above it all.

Intimacy
is the bravest choice of words:
being able to rest the soul
in the arms of honesty and candour.

And as this is
what it means for me
to remember;
you might understand
I find it hard to recall that joy,
as it comes
with the sour flavour
of the day
that came to an end,
even though I tried
for it not to meet the edge,
and I went to sleep late
and made it last
as much as it takes
for it to be remembered.

I have then
accepted the fate
of the following day:
the penitence starts.
And, as this confession began
I come to realise
the nostalgia of the moments
fading apart.
And as I recall
reminiscences of those days,
with quite some tears in my eyes
and my hands on my heart;
I acknowledge one more time:
bittersweet are the kisses
that say goodbye.

INSOPORTABLE A LA LEVEDAD DE MI SER

Conforme pasan los días
me he dado cuenta
de que he creado una nostalgia
encima de las memorias
que en secreto siempre quise que pasaran.

Esos días revelaron
los secretos más guardados
de la felicidad efímera.
Cortos encuentros
tuvieron lugar
con los sentimientos más deseados
y lo hicieron casi insoportable
a la levedad de mi ser.

Me es difícil describir
lo que algunos denominarían
amor de manera trivial ,
ya que no tienen nombre
el cuidado y la confidencia
que permanecieron
por encima de todo.

Intimidad
es la descripción más valiente.
Poder descansar el alma
en brazos de la sinceridad y el calor.
Y como esto es
lo que significa para mí recordar,
podrás entender
que me sea difícil acordarme de ese placer,

ya que viene con el sabor amargo
del día que llegó a su fin
aunque intenté que no lo alcanzara
y me fui a dormir tarde
y lo hice durar
tanto como costara
para poder recordarlo.

He aceptado pues el destino
del día siguiente,
la penitencia empieza.
Y, como empezó esta confesión,
me doy cuenta
de la nostalgia de los momentos
que se desvanecen,
y, mientras me acuerdo
de las reminiscencias de esos días
con lágrimas en mis ojos
y las manos en mi corazón,
me doy cuenta una vez más:

agridulces son los besos
que forman la despedida.

Escena 2: THE UNKNOWN LOVE

I seek in the smell of the cigarette,
In the taste of the
small death.

The burning candle
disappearing behind your back.
The lost sensation of brightness.

The unknown love.

The flavour of your tongue.
The smell of my skin
after you've had it all.
My mouth tastes like your lips
after playing like dogs.

With the love from my soul,
to yours.

I am nothing but the magic in-between the touch.
But I am seeking for that magic
in places where it won't be found.
Yet I know.
I already know,
the end of it all.

I keep playing the dice
when the universe falls.
I keep dancing the waltz
when the music is on.
How to dance to a rhythm
I haven't heard before.

I look for the light
in the forest
where I run.

Should I walk?
Should I crawl?
Should I scream?
Should I fall.

Because as
I don't know
how to believe
the play
I have foreseen
in dreams
and
in your voice.
Never seen
only in
thoughts.

The walk of my steps
moves,
to the rhythm
of your
notes.

I wonder at last:
how to begin to end
the weight of the thoughts
that were never told.

EL AMOR DESCONOCIDO

Busco en el olor del tabaco,
en el sabor
de la pequeña muerte,

la vela encendida
desapareciendo detrás de tu espalda,
la sensación perdida del brillo.

El amor desconocido.

El sabor de tu lengua.
El olor de mi piel
después de que lo hayas tenido todo.

Mi boca sabe a tus labios
después de jugar como perros.

Desde el amor de mi alma
a la tuya.

No soy nada, sino la magia entre la caricia.
Pero busco esta magia
en sitios donde no la voy a encontrar.
Aunque ya lo sé,
ya sé
el final de todo.

Sigo tirando los dados
cuando el cielo se cae.
Sigo bailando el vals
cuando suena la música.

Cómo bailar un ritmo
que nunca antes
había escuchado.

Busco la luz
en el bosque
donde corro.

¿Debería caminar?
¿Debería arrastrarme?
¿Debería gritar?
Debería caer.

Porque no sé
cómo creer
en esta obra
que he vislumbrado en sueños
y en tu voz.
Nunca vista,
solo en pensamientos.

El caminar de mis pasos
se mueve al ritmo
de tus notas.

Me pregunto al fin
cómo acabar
con el peso de lo que
uno pensó
y nunca dijo.

Escena 3: I HAVE SEEN YOU IN THE EYES OF ANOTHER

I have called for you,
while in the hands of another.
And comparison keeps knocking the door
when it comes to remember.

I have seen you
in the eyes of another.
Foreseen greatness in your future
as I endeavour my own.

Blessed were the days
shared in genuineness.
But smoothly the change
has stood upon us and,
even though,
I would never want
your voice in my mind
to be forgotten.
There is nothing I can do,
for it will be gone
faster than I would have wished,
and all of this
will become a dream to keep seeking.

And great times will be proclaimed.
But this too will be put in the past,
as many and much is already there.
Not for angriness.
But love is a path,
that eventually meets the edge.

How sweet,
how sweet,
how sweet,
To have loved.

TE HE VISTO EN OJOS DEL OTRO

Te he llamado
en brazos de otro
y la comparación sigue llamando a la puerta
cuando toca recordar.

Te he visto
en ojos de otro,
he vislumbrado tu futuro
mientras construyo el mío.

Benditos fueron los días
compartidos en sinceridad.
Pero poco a poco
el cambio
se ha presentado frente a nosotros
y, aunque nunca querría
que mi mente olvidara tu voz,
no hay nada que pueda hacer,
ya que se habrá ido
más rápido de lo que yo habría querido
y todo esto
pasará a ser un sueño
a seguir buscando.

Y grandes tiempos serán proclamados.
Pero esto también estará en el pasado,
como mucho y muchos ya están ahí,
no por enfado,
pero el amor es un camino
que eventualmente
llega a su final.

Qué dulce,
qué dulce,
qué dulce
haber amado.

Escena 4: ALL THESE WORDS WILL REMAIN UNSAID

I would like not to have words left to say.
But I guess words are just words
and they feed one another
and they grow stronger
until a point where
if you don't say them
you might just explode.

I would like not to be this sensitive
I would like not to have the need
to chase the past
every time it leaves
far behind from where I am
and where I was.
I would like the nostalgia
to not exist in this world
as it's consuming
every part of my soul.

It's not even as hard
as it may sound.
I am not even that sad
as I may seem.
Or maybe I am.
Maybe I am,
who knows.

I am transposed
like the notes of a song
I had prepared to sing
at a certain tone.

And now I am lost
I lost the notes
I lost the song
to sing one I had not prepared.
Not even slightly
Not even enough.

I don't even know
what I want to say.
I don't even know
What I want you to know.
I don't even know
If I'll send you this
If I'll let you read
Every depth there's in me.

So I just came here
to tell you
I will miss you
and I will think of you
from the past picture
portrayed in the present.

I'll cherish the moment
I'll cherish the language.
And this is not a
declaration of love
It is though
a statement for it.
For once you live it
One more time
you are assured it'll never die
because it once was

and somewhere in this universe
It will always keep being.

Stuck in an eternal present
Forever floating in our minds
Forever painting our dreams.

Anyway
I guess this
will never be sent,
and all these words
will remain unsaid
and all the weight
will be on my shoulders
and this silence
will make me explode.

One more time
Once again
I'll start over
And I'll be ok.

TODO ESTO NO SERÁ DICHO

Me gustaría que no me quedaran palabras por decir.
Pero supongo que las palabras solo son palabras
y se alimentan las unas a las otras
y crecen más fuertes
hasta un punto
en el que, si no las dices,
puedes explotar.

Me gustaría no ser así de sensible,
me gustaría no tener la necesidad
de perseguir al pasado
cada vez que se va
lejos de donde estoy
y donde estaba.
Me gustaría que la nostalgia
no existiera en este mundo,
ya que consume
cada parte de mi alma.

Estoy transpuesta
como las notas de una canción
que había preparado en otro tono
para cantar.

Y ahora estoy perdida,
perdí las notas,
perdí la canción
para cantar una
que no había preparado
ni siquiera un poco,
ni siquiera lo suficiente.

No sé
ni lo que quiero decir.
Ni siquiera sé
lo que quiero que sepas.
Ni siquiera sé
si te enviaré esto,
si te dejaré leer
toda la profundidad que hay en mí.

Así que solo vine aquí
para decirte
que te echaré de menos.
Y pensaré en ti
desde la foto del pasado
proyectada en el presente.

Celebraré el momento,
celebraré el lenguaje.
Y esto no es una declaración de amor,
pero sí que es
un estamento al mismo.
Ya que, una vez que lo vives,
estás seguro
de que nunca se desvanecerá
porque una vez fue
y en alguna parte
siempre seguirá siendo.

Atrapado en un presente eterno.
Para siempre flotando en nuestros pensamientos,
para siempre pintando los sueños.

En fin,
supongo que esto nunca será enviado
y estas palabras
permanecerán atrapadas
y todo el peso
quedará en mis hombros
y este silencio
me hará explotar.

Otra vez,
una vez más.
Empezaré de nuevo.
Y estaré bien.

Escena 5: THIS TOO SHALL PASS

I already knew.
Although it is inevitable I guess.
Time will ease it.
And time will evolve the feeling
and change the meaning.

I'll see you again
next time
when we both are different
from what we knew
from when we met
because of everything
we have yet to pass
in this time to come.

Still not an end.
Who knows what to hold on to
when life has no hands
only feet to move forward
only ears to hear the old bells.

This too shall pass.
And these words will lose the weight
they have now.
And we'll walk lighter.
And we'll walk wiser.
And we'll walk changed.

One more time.
Once again.

ESTO TAMBIÉN PASARÁ

Ya lo sabía.
Aunque es inevitable, supongo,
El tiempo lo facilitará
y el tiempo cambiará el sentimiento
y modificará el sentido.

Te volveré a ver
la próxima vez,
cuando los dos seamos diferentes
de lo que supimos
y de lo que conocimos
a consecuencia
de todo lo que aún tenemos que vivir
en este tiempo que viene.

Igual no es un final.
Quién sabe a lo que agarrarse
cuando la vida no tiene manos,
solo pies para avanzar,
solo oídos para escuchar
las campanas de otros tiempos.

Esto también pasará.
Y todas estas palabras perderán el peso
que ahora tienen.
Y caminaremos más ligeros.
Y caminaremos más sabios.
Y caminaremos cambiados.

Una vez más.
Otra vez.

Escena 6: NOTHING WILL PREVAIL

All the possibilities
wrapped up in a night.
All the emotions
spread all over the board.

We threw the dice
too many times in a row
so we played all the numbers it had
without needing to hold.

Nothing else to be unveiled,
the mission to discover
ends.
Wanting to know
the desire that fades.
Knowing the road
takes the eager away.

Now the pursuing
has no real amends,
the chamber of secrets
was opened too fast.

Nothing remains
and we have been left
with the shades of nights
that made promises with no end.

Nothing will prevail;
What a waste of fire,
For such a cold end.

NADA PERMANECERÁ

Todas las posibilidades
envueltas en una noche.
Todas las emociones
desplegadas por todo el tablero.

Tiramos los dados
demasiadas veces seguidas
y jugamos todos los números que tenían
sin tener que esperar.

Nada más para desvelar.
La misión de descubrir
se acaba.

Queriendo saber
el deseo que se desvanece.

Conocer el camino
se llevó las ganas.

Ahora el proseguir
no tiene compensaciones reales.
La cámara de los secretos
se abrió con demasiada prisa.

Nada perdura
y solo nos quedan
las sombras de la noche
que hicieron promesas sin fin.

Nada permanecerá.

Un fuego desperdiciado
para un final tan helado.

ACTO 4
HABITACIÓN DE INVIERNO: AZUL

ACT 4
WINTER ROOM: BLUE

Escena 1: EL FRÍO

Todo el mundo
anda buscando
en la multitud de la noche,
en el ir y venir de los pasos,
un calor

en brazos del otro
que ahuyente,
momentáneamente,
el frío que uno siente
después de unas copas
que vagan inertes
en cada cuerpo errante.

THE COLDNESS

Everybody
looks
in the crowded night,
in the come and go of multiple steps,
to find warmth
in somebody else's arms,
which would
momentarily
drive away,
the coldness one feels
after a few drinks
that roam lifeless
in every errant body.

Escena 2: TO MARLA

Dear Marla:
love of my life.
My sunshine
my everyday resistance
my saviour
my lost friend
best smell and warmth.

I dearly miss you, my love.
I miss you and I know
I carry you
with me
every day of my life.

And
within myself,
I ask:
where are you
my dearest friend,
where has the lack of air
taken you,
where has life
put you to rest?
Is it anywhere
near this heartbroken self,
now writing to you
feeling hopeless.

Are you around?
Do you ever come near?
I wish you visited some time
yet I already know you do,
as I have already seen you in my dreams.
You never push it
you're just there.

I know you are looking after me
and you come sleep on the pillow
ever night
as it used to be.

I hope you are resting
and feeling well.
I hope someday
we will meet
in my dreams again.

Yet I already see you,
in every spark of beauty,
when I look for the love and peace
I keep seeking.
You know that well.

Farewell my love,
Farewell.

Escena 3: ARTICULATING THE WORDS

I feel oppressed
compressed
depressed
anguished
and scared.

I feel like running into a shell
in the middle of the sea
because I sense the whole world's weight
on my chest.

Breathing is underrated
and my beloved died from the lack of it.
Just the same way
I am letting my love go
as I don't know
how to articulate the words
and let you know
how much I would like
to make it work.

Instead I run
to a bottle of wine,
I wait for the night to embrace me
and the sleep to take me.
Until I wake up on a midday
wishing I could stay away
from all that I am making fail.

ARTICULANDO LAS PALABRAS

Siento que quiero correr hacia un caparazón
en medio del mar
porque noto
el peso del mundo entero
en mi pecho.

Respirar está infravalorado
y mi querida murió
por la falta de aire.
Del mismo modo
que estoy dejando que mi amor se vaya
porque no sé
cómo articular las palabras
y decirte
cómo me gustaría
hacer que funcionara.

En vez de eso, corro
hacia una botella de vino
y dejo que la noche me envuelva
y el sueño me esconda.
Hasta que me despierto
al mediodía
deseando poder alejarme
de todo lo que no funciona.

Escena 4: LIMBOS

Me he bebido las penas,
me he esnifado la rabia,
me he follado al desamor,
me he creído ajena al dolor.

Voy andando sin rumbo
esperando a que me digas
si tú también vas a la deriva.

En busca tuya, niña,
yo te bajaba la luna;
escucho si me habla la vida,
no callo si me hierven las heridas,
respiro y el mundo me castiga.
Que no sé quién soy ahora
que vuelvo a estar viva.

Tanto tiempo en un limbo emocional,
muerte vital.
Mitad mía al otro lado del mar,
que me siento vacía al poder caminar,
que estoy sola y ya no lo quiero evitar.
Correrme en mil camas no me hace brillar
y lo sigo haciendo yo,
y lo sigo haciendo.

Me he acostumbrado a actuar
y me derrumbo cuando el público se va.
La soledad del artista.
Mi vida en teatro de texto.
Controlo hasta el último punto,
guionizo el camino, ¿qué es esto?

Esto no es vivir.
Si no me hago yo libre,
seguiré sin saber
con quién me voy a dormir.

VOIDS

I have drunk away
my sadness,
I have sniffed my anger,
I have fucked my heartbreak,
I have believed myself to be
detached from pain.

I am walking aimlessly
waiting for you to tell me
if you are also drifting.

Looking for you girl,
I would get the moon for you;
I listen when the life speaks,
I don't keep quiet
if my wounds boil in me,

I breathe
and life punishes me.
I don't know who I am
now that I am alive again.

All this time
in an emotional void,
life's death.
Half myself
in the other side of the sea,
I feel empty now I can walk
I am alone and I don't want it to stop.
Coming in a thousand beds
is not making me shine
and I keep doing it
I keep doing it, I.

I got used to acting
and I collapse
when the audience leaves.
The artist's solitude.
My life as a theatre play
I script write
I control every exact path
What is that?

This is not to live
If I don't make myself free
I'll keep not knowing
with whom I go to sleep.

Escena 5: FALACIAS

Me cuesta creer
y no siempre camino.
A veces, me reprimo.
Casi siempre desafino.
Me digo que no lo consigo.
Lo dudo y desconfío.

No me gusta hablar de mí
ni que me miren por ahí.
Prefiero untarme
en capas de barniz
y brillar por fuera;
cuando el sol me da de cara
y me miras a los ojos
y se te pierde la mirada
en capas de barniz,
que protegen y evitan
que tú me veas, tan siquiera
de reojo, al cambiar la vista.

Todo pensado y todo preparado
para seguir actuando
sin que te des cuenta.
Trazas de mentiras
que me digo a mí misma
se derraman por tus orejas.

Solo me queda lamerlas y saborear.
Saborear la victoria de no mostrar
nada,
nada,
absolutamente nada,
ni nadie soy yo.
Que me miento para decirte quién soy.
Sin que te des cuenta,
voy creando el patrón.
La hegemonía del viento de falacias
al son de mi voz.
Y eso sí,
eso sí que siempre lo consigo.

Muchas horas en el limbo
me han dado mucha cara
para mirarte a los ojos
y no enseñarte nada.

Que me sé el baile y el guion.
Que te podría hasta cantar una canción
de todo lo que hago por ser
lo que no soy.

Aunque tal vez lo soy,
pero no lo creo.
Porque después de que te haya explicado
la biblia en verso,
sobre todo aquello que pretendo saber;
después de haberte enseñado
todo lo que sé que no sé.

Después de ganarme al escenario
y camelarme hasta tu aliento;
que ya sé lo que vas a decir
porque yo soy la que puso aquí el testamento.
Después de todo esto:

me hundo,
me caigo
y me lastimo
sin reparo.

Después de contarte el cuento
y bailar juntos un tango, o dos, o tres.
Entonces, me marcho,
arrastrando todas las cadenas
que yo misma me he forjado
hasta el pozo de mi cuerpo y mi alma.

Me desnudo,
me despojo de la armadura y la espada,
me siento en el recuerdo de la velada;
y no me veo.
No veo nada
más que a una niña asustada y cansada
de no saber cómo decirle al mundo
que está triste,
desorientada
y agotada.

Y si por error,
en un atisbo de falsa esperanza,
que a veces
se me escapa.

Y sin pensar me doy,
y me doy cuenta de que he enseñado
demasiado quién soy,
y me reconozco
fuera de esa hazaña
tan bien pensada,
y vislumbro un campo de batalla
sin control.

Si eso pasa,
recojo las mentiras,
las bayonetas y el atrezo
tan bien montado,
encima de un escenario
que vio a la actriz
saltándose el guion.

Me despido del público,
bajo el telón.
Y como un mago que se ha quedado sin truco,
me recojo
y, por donde he venido,
me voy.

FALLACIES

It's hard for me to believe
and I am not always walking.
Sometimes I shrink.
I am often out of tune.
I tell myself I won't make it.
I doubt and I suspect.

I don't like to talk about myself,
nor to be looked at.
I prefer to soak myself
in varnish layers
and shine on the outside;
when the sun is facing my face
and you look into my eyes
and you lose your sight
in layers of varnish.
That protect and evict
for you to see me,
not even on a side eye
when you change sight.

Everything is thought through
and well prepared
to keep acting
without you noticing.
Shades of lies I tell to myself
are pouring from your ears.

I only need to leak them and savor.
Taste the victory of showing you nothing,
nothing,

nothing,
and absolutely nothing
and no one is me.
I lie to myself to tell you who I am.
Without you noticing,
I keep creating the way.
The hegemony of the wind's fallacies
at the sound of my voice.
And yes,
that is what I always achieve.

Many hours
entering the void
have given me a lot of nerve,
to look you in the eye
and show you the nothingness.

I know the script and the dance.
I'd be able to sing you a song
of everything I do
to be
what I am not.

Although maybe I am,
but I don't think so.
Because after I have told you
everything I pretend to know
after showing you
everything I know that I don't.
After I have won the stage
and fooled your breath;
I know what you are about to say
because I am the one who made the rules today.

After all that:

I drown,
I fall,
I hurt
with no hesitation.

After telling you the story
and dancing a tango, or two, or three.
I then leave.
Dragging the chains
I forged myself
to the well of my body and soul.

I undress.
I deprive from my armour and sword,
I sit down on the evening's memory;
and I don't see myself.
I see nothing.
But a girl who is frightened
and tired
of not knowing how to tell the world
she is sad
and disoriented
and exhausted.

And if by mistake
from a glimpse of hope,
of which sometimes
I let go.
I realise I have shown
too much who I am,
and I recognise myself

outside from all that feat
very well prepared
and I see a battlefield
out of control.

If that happens;
I pick the lies
the bayonets and the *atrezzo*
very well prepared
on a stage
that saw the actress
skipping the script.

I greet goodbye to the audience
I lower the curtain.
And like a wizard
with no trick
I pick up myself
and from where I entered
I leave.

Escena 6: GET BACK HOME

I find a sense of comfort
in the wrong thoughts.
Chasing wrong feelings,
that keep me stuck.
In a world of false security,
I created once.
Thinking this should be the way
of understanding it all.
Unwillingly pursuing
the mistaken roads.
I keep riding a path

that brings no joy.

I can't help it though.
can't help it
can't help it
can't help it
won't help it.

Where this will take me to
if there has been no good
at any stop.

I tell myself
I should change such highway.
Sorrow keeps hunting.
wine keeps getting poured.
Smoke follows the unsaid truth.

Where will I find it?
gotta see it
gotta find it
gotta heal it.
Keep on it
keep on it
keep on it.

As maybe this is the only path
That will take me to the right one.
And as every race,
all I might need,
is to get back home.
While the wine will keep getting poured,
while the smoke will keep hiding the flaws.

Get back home
it is.
Get
back
home.

VOLVER A CASA

Siento un confort
en los pensamientos erróneos
persiguiendo sentimientos falsos
que me mantienen varada
en un mundo de falsa seguridad
que una vez creé.
Pensando que esta sería la manera
de entenderlo todo.

Persiguiendo reaciamente
los caminos equivocados.
Sigo cabalgando por un sendero
que no trae deleite o alegría.

Pero no puedo evitarlo.
No puedo evitarlo,
no puedo
no puedo.
No lo evitaré.

Donde me llevará
si no he encontrado
lo que buscaba
en ninguna parada.

Me digo a mí misma
que debería cambiar de dirección.
La melancolía sigue persiguiendo(me),
el vino sigue tomando(se),
el humo persigue la verdad callada.

¿Dónde la voy a encontrar?
Debo verla,
debo encontrarla,
debo sanarla.
Seguir,
seguir,
seguir.

Tal vez este será el único camino
que me llevará al correcto.
Y como toda carrera,
todo lo que tal vez necesito
es volver a casa.
Mientras, el vino seguirá
siendo servido
y el humo seguirá escondiendo
todos los fallos.

Volver a casa, eso es.
Volver
a casa.

Escena 7: NORTHERN LANDS

There is a land
I already know.
I have seen it in dreams,
and in some lives;
many other times,
maybe centuries ago.

There is a land
that's headed north
my heart yearns for it
since it was born.
There is a land
that's cold,
and old;
and the sun
when shines
heals each soul.

I can hear its song
now when
the wind speaks to me
with the language of the north.

TIERRAS DEL NORTE

Hay una tierra
que ya conozco.

La he visto en sueños,
y en otras vidas,
muchas otras veces,
tantos años atrás.

Hay una tierra
dirección al norte
y mi corazón la desea
desde que nació.
Hay una tierra
que es fría
y es vieja,
y donde el sol,
cuando brilla,
cura a cualquiera.

Puedo escuchar su canción
ahora cuando el viento
me habla a mí
con la lengua
del norte.

Escena 8: THE MUSE THE ARTIST LONGED TO DISCOVER

I have a friend
Who I've known,
I met him a few nights ago.

I have a friend so you know,
that I've seen evolve and become
the person that he wishes to be.
Get above what
he doesn't need

I have a friend,
that's been a lover,
with whom I have discovered
love is a walk
from which you can recover;
love is the way
to care for the other.

I have a friend
a bit far away
whom I only see
when I can get my thoughts to uncover.
He is the muse
the artist longed to discover.

I have a friend who I love as no other.
The true victory beyond the veil
when the mask got suspended
for the sake of the play,
I only danced in the shadows.

I have a friend who has told me
some secrets of his soul.
So I only wish for you
to find the intimacy
I have been blessed to enjoy.

LO QUE EL ARTISTA ANSIABA ENCONTRAR

Tengo un amigo
que he conocido
unas noches atrás.

Tengo un amigo,
quiero que sepas
que lo he visto evolucionar y convertirse
en todo lo que desea ser,
superar todo
lo que no necesita en él.

Tengo un amigo
que ha sido amante,
con quien he descubierto
que el amor es un camino
del que te puedes curar;
el amor es la manera
de cuidar al otro.

Tengo un amigo
un poco lejos
a quien solo veo
cuando consigo que mis pensamientos
se muestren.

Él es la inspiración
que el artista anhela encontrar.

Tengo un amigo
al que quiero sin igual.
La verdadera victoria
detrás del velo
cuando la máscara se cayó
de la obra que jugaba
únicamente en las sombras.

Tengo un amigo que me ha dicho
algunos secretos de su alma.
Así que solo te deseo a ti
que encuentres la intimidad
que he tenido el placer
de disfrutar.

Escena 9: ICELAND

The unbearable weight
of the time passing
recalls on my shoulders
that had not prepared enough
for the enormous grief
this contains.

Yet it will not be different this time.
Since as big as this is,
it is also known and familiar.
And the body has memory
I just need to help it remember

The loss
of a time that is gone.
The emptiness of the room
now only the ash of what it was.
The echo that sings the past
as an unwanted song.

The farewell.
The last time you touch.
The last time you smell.
The last time you share.

Silence has now seized
all the space that had been taken from it.
And as unseen as it may seem
it is as clear as ever.

And all this
drowns you to an old forgotten need:

Learning to speak again.
The language of no words,
the language of breath,
the language of thoughts.

And while you are thinking
of all the memories you have made,
slowly solitude comes back to the room
and it occupies all those corners
where we once stood triumphant,
facing our lives
thinking this time
what we knew
was gonna last.

Such a whimsical road.
The paradox of life is:
You live many of them
the more you let them die.

ISLANDIA

El insoportable peso
del tiempo que pasa
recae en mi espalda,
que no se había preparado lo suficiente
para el enorme duelo
que esto conlleva.

Aunque no será diferente esta vez.
Porque tan grande como esto es,
también es conocido y familiar.
Y el cuerpo tiene memoria,
solo necesito ayudarlo a recordar.

La pérdida
de un tiempo que se ha ido.
El vacío de la habitación
que es ahora solo la ceniza
de lo que una vez fue.
Mientras, el pasado canta en eco
una canción indeseada.

El adiós.
La última vez que tocas.
La última vez que hueles.
La última vez que compartes.

Ahora el silencio ha tomado
todo el espacio que le habían quitado.
Y tan invisible como pueda parecer,
está más claro que nunca.

Y todo esto
te sumerge
en una vieja necesidad olvidada:

aprender a hablar de nuevo.
El lenguaje sin palabras,
el lenguaje en respirar,
el lenguaje de los pensamientos.

Y mientras piensas
en todos los recuerdos que has hecho,
poco a poco,
la soledad entra de nuevo en la sala
y empieza a ocupar
todos los rincones donde una vez
estuvimos victoriosos
mirando a la vida
pensando que esta vez
lo que conocíamos
iba a durar.

Un camino caprichoso
la paradoja de la vida:
Vives muchas
cuanto más las dejas morir.

ACTO 5
SIN QUERER Y SIN SABERLO: NEGRO

ACT 5
NOT WANTING IT AND NOT KNOWING IT: BLACK

Escena 1: RUNNING

I am running away from a feeling
yet the feeling is coming with me.

I know that I thought
leaving the places
where I felt the love
would allow me to release
all that was gone.

Perhaps it will work.
Maybe it will not.

I am not facing it at all;
I am just leaving
taking the back door.

CORRIENDO

Estoy huyendo de un sentimiento,
pero el sentimiento huye conmigo.

Sé que pensé
que irme de los lugares
donde sentí el amor (y el dolor)
me permitiría dejar atrás
todo lo que ya se había ido.

Tal vez funcionará.
Tal vez no.

No me encaro.
Solo me voy
tomando la puerta menos concurrida,
dejando atrás lo que soy
para volver a ser.

Escena 2: SOMETHING HURTS VERY DEEPLY INSIDE

Something hurts
and it is not letting me sleep.
It is not sadness
what I feel
yet I still don't know
what it is.
It is not anger
nor fear.
Yet I don't know
what it is.

Only thing I know
is that it is fighting
to get out
The flower is fighting,
the flower is pushing
for the light.

I am finally letting it be
as it is,
and always was.
So I can find out
who is the person
I kept hidden
all this time.

ALGO DUELE MUY ADENTRO

Algo duele
y no me deja dormir.
No es tristeza
lo que siento,
pero tampoco sé
exactamente qué es.
No es enfado,
no es miedo.
Igualmente,
no sé
exactamente
qué es.

Lo único que sé
es que está luchando por salir.
La flor está luchando,
la flor está empujando
para salir a la luz.

Estoy por fin
dejándole ser
como es
y siempre fue.
Para poder encontrar
quién es la persona
que dejé escondida
todo este tiempo.

Escena 3: THE ROAD

Yet I know
It is my will
I hate what I lose on the road;
as sometimes it feels
like going down a hill.

Then, what's the point.
I sing to everybody
yet I can't speak.

This was written under your spell
But you will never
see
me.

EL CAMINO

Aunque sé
que es mi destino,
no soporto
las pérdidas del camino.

Entonces, cuál es el sentido.
Si canto a todo el mundo,
pero no les puedo hablar.

Esto fue escrito bajo tu encanto,
pero tú nunca podrás
verme
a mí.

Escena 4: I FEAR THE SCENT

I COMMIT SINS TO MYSELF AND I AM NOW IN PAIN

I would like to be
in an empty book
covered in flowers and shit;
I can't even open the door
next to the dress
I wore at night.

If I could go inside your mind
I'd be wearing red eyelids
and wet hands.
From my bed
to your chest,
I can smell the closeness
but I fear the scent.

Oh how it makes me wet!
From my toes to my breasts;
soaked in oil and in sweat.

I can't walk
in your steps.
Craving loneliness
and yearning for touch
it gets difficult to merge.

Oh Lord help me!
Because I can't help myself.
When I think of it
I cherish the blow of his breath.

LE TEMO AL OLOR

Me gustaría estar
en un libro vacío
cubierta de flores

y mierda.

Ni siquiera puedo abrir la puerta
cerca del vestido
que llevé esa noche.
Si pudiera ir dentro de tu mente,
llevaría puestos párpados rojos
y manos mojadas.
Desde mi cama hasta tu pecho,
puedo oler la intimidad,
pero le temo al aroma.

¡Oh, cómo me moja!
Desde mis pechos hasta mis pies;
me empapa de aceite y sudor.

No puedo caminar
al ritmo de tus pasos.
Ansiosa de soledad
y deseosa de tacto,
es difícil de combinar.

¡Oh, Señor, ayúdame!
Porque no puedo más.
Cuando pienso en él,
solo aprecio
el soplo de su aliento.

Escena 5: EVERYTHING FADES

In search of the smell.
In search of the moment
where everything fades.

In search of the smell.

TODO SE DESVANECE

En búsqueda del olor.
En búsqueda del momento
en que todo desaparece.

En búsqueda del olor.

Escena 6: FLASHING BEES

Flashing bees
dance around my sins,
craving for the honey
that pours down from
your fingertips.

All the words unsaid
kept at the end of eyelids.
For something unread
I would rather
not to speak.

DESTELLOS

Abejas destellantes
bailan alrededor de mis pecados,
deseosas de la miel
que guardo al final de mis pestañas.

Por algo que nunca entendí,
preferiría callar.

Escena 7: MY SCHEDULE

DISCOVERING A NEW LOVER
IS LIKE SPEAKING A NEW LANGUAGE

When I grow up
I want to be PJ Harvey
on Mondays.
And Björk
on Thursdays.
Suck up your blood
on Wednesdays.
Carry on dancing
on Fridays.
Scream all day
on Sundays.
Only cry on Tuesdays.
Only cry on Saturdays.

Two orgasms,
a cigarette,
and an evil person
by my side;
Ready to leave it all
for good.
While I am getting myself
Some wine
And tea for two.

MI HORARIO

Cuando sea mayor,
quiero ser PJ Harvey
los lunes.
Y Björk
los martes.
Chuparte la sangre
los miércoles.
Seguir bailando
los viernes.
Gritar todo el día
los domingos.
Solo llorar los sábados,
solo llorar los martes.

Dos orgasmos,
un cigarro
y un demonio a mi lado;
preparada para dejarlo todo
e irme corriendo.
Mientras, me pongo algo de vino
y preparo
un té para dos.

Escena 8: I HAVE WISHED WRONG
HE DESEADO MAL

I wish we could lay in bed
and just move
to the shower.
I wish I could
kiss your eyes
for a hundred hours.
I wish I could feel
your body on my sweat
every time I am tired.

But I've wished wrong.
I wish I could wish
something that would
make me feel strong.

I wish I could
be aware
that I still feel the cliff
of losing it all
on a kiss.

So I went
to sleep in my thoughts
but not even
in my tears
am I free.

So I'm scared
oh time goes so quick!
And changes are too loud
I feel them in my knees.

Yesterday I saw myself
in another age
walking down
the streets of Berlin.
I saw my girl
dancing all night long
until she fell asleep.

Yesterday I saw myself
before I was me.
And I got so afraid
oh dear, how scared!
I don't know
the words that
I used to speak.

Whose things
are these I own
whose mouth
is the one
with which
I kiss.

If I have been left
in someone else's
feet.

Canción «Cliff» del álbum *The story of Marla and Vulnerability*.

Escena 9: UNCERTAINTY HAS BURNT MY COMMON SENSE
LA INCERTIDUMBRE SE LLEVÓ MI SENTIDO COMÚN

Why did you want
this big room
you can't fill up.

What is it
that you have to say
under your mouth.
I may have a listen
to the scream behind my back.
I'll turn it into a hand
that holds some red wine.
I do see you around
when I close my eyes.
If only I could bring
some forgiveness to myself
for what I said
and what I kept.
Before time
blew it away
as easy as it came.

But I have let myself
be caught.
I look at me
through the mirror
of my back
and only there
I see the path.
Is it only what I've left
that keeps me alive?

Uncertainty has burnt
my common sense
and I beg myself to leave:
oh dear, go away!
And let me stay.

If only I could
understand this pain.
If only I could find
the voice
from somebody
I've sought and craved
and cried
in a bed
full of
foreign hair
and unknown smell.

I might just run away.
Oh you my dear,
let me stay.

Canción «Crave» del álbum *The story of Marla and Vulnerability*.

Escena 10: WINTER

I saw the winter coming
before the summer had ended.

The wind whispered to me at night
in a language that wasn't mine.

I ran
and ran
and ran.
I knew there was something
in my dream
that wasn't right.

I asked the wind
for what it was

I ran
and ran
and ran
I knew it wasn't right.

So I kept searching for the words
I would need at last.

INVIERNO

Vi llegar al invierno
antes de que el verano se acabara.

El viento me susurró en la noche
en una lengua que no era la mía.

Corrí,
corrí
y corrí.
Sabía que había algo
en mi sueño
que no era correcto.

Le pregunté al viento
qué era aquello.

Corrí,
corrí
y corrí.
Sabía que algo
no estaba correcto.

Así que seguí buscando las palabras
que necesitaría
al alba.

Should I?
Could I?
Would I?

ÍNDICE